DE PRIMERAS

VECES Y

LA MUERTE

NOEL ADRIAN SANTOS RODRIGUEZ

DE PRIMERAS VECES Y LA MUERTE

NOEL ADRIAN SANTOS RODRIGUEZ

Impresión y editorial: BoD – Books on Demand
info@bod.com.es - www.bod.com.es
Impreso en Alemania – Printed in Germany

ISBN: 9788411235396

No sé, se para el tiempo al hablar de amor,
¿No es triste que lo más parecido al amor
sea la muerte?
O tal vez reconfortante.

Para lo efímero y el tiempo,
porque mi vida empezó en una hoguera.
Para mi bita, que mira desde aquel cielo
al que pertenece.
Para mis hermanas,
para mis hermanos,
para todo aquel que me apoya siempre.

Veintitrés

Yo nací adolescente en el seno de una hoguera,

las olas rompían, los ángeles arropaban,

la luna caía, los labios amaban,

sonaban las campanas, despertaban las quimeras.

Me perdí en la noche del tiempo,

abrazado por luces, arena, por luna, por viento.

Revivimos en aquel lago negro,

después del vértigo intrépido, del rápido pálpito, de

nuestras almas mirándose al alba.

Y no tuve mejor recuerdo aún, en toda mi vida,

que aquella maravillosa llama,

en aquella cálida hoguera, en que torpemente nací.

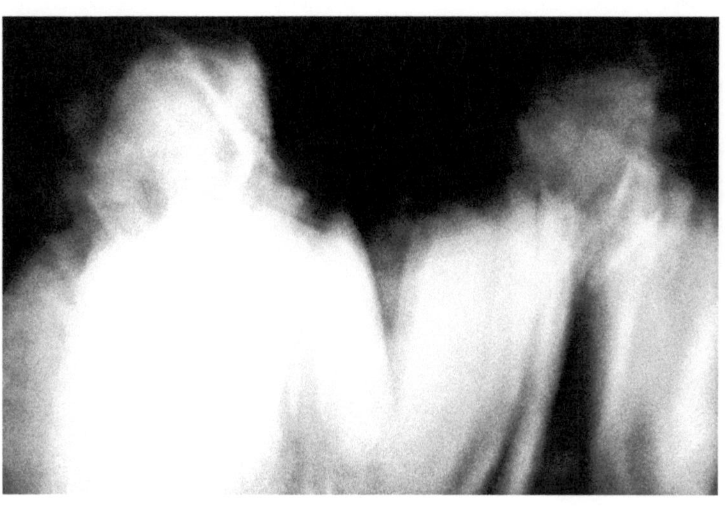

El Abrevadero Eterno de los Héroes

El abrevadero eterno de los héroes.

¡Príapo, el paraguas se hunde en la alcantarilla!

La raíz, hay que confiar en la raíz, en las semillas.

Las luces, contaminación.

No te pinchas con piedras ni cardos ni arañas, todo

cristales y alambres de espino, culpa del hombre.

No hospitalidad, no sacrificar carne humana a los dioses,

y matar a un niño.

El juego de las piedras para evadirse de uno mismo,

la superación del miedo a nuestros hijos, a la tierra que

compartimos.

Molinos, costillas flotantes hechas de gigantes,

Lord Boakye Berko deambulaba.

El maestro. *¡Qué hermosa vida! ¡Qué hermoso arte!*

Cascada en almena de la Alhambra.

Baile catártico. Ataraxia. *¡Placeres! ¡Alas! ¡Ceniza!*

Zorros y ratones. Traición. La muerte de Príapo. Envidia.

El vino se rompe, la elevación de la victoria nos engulle,

y la canción termina.

La posada de los poetas

Tengo una posada para viajeros con pasiones,

se dan tés sedantes de distintas naciones,

se dan desastres dantescos, pintas, canciones,

se da morada a errantes, poetas, traiciones,

erigen sus mansiones de mundos flagrantes

hechos de eternidad,

y permiten la entrada a cualquier alma, que busque

felicidad.

Tengo una posada, o eso querría, para sentir el

movimiento de la vida,

para hacer emerger el verde edén, y verter en él las

brisas, las risas,...

y crear un ecosistema único, basado en la escucha activa.

ELOGIO I - LE VENT SE LÈVE

Intentas coger el viento y se escabulle entre los dedos y

las arrugas de la piel,

no tiene prisa,

es volátil,

es efímero pero nunca muere

y llora en la orilla y en el mar.

El viento,

corriendo entre las calles de Ámsterdam,

no necesita contemplar el arte para dilatar sus pupilas y

excitarse,

no necesita ni mucho menos abrir una puerta para

estimularse ni reírse de la vida que no tiene.

A veces se me acerca al oído,

y me susurra al oído dolores de áfrica

y cotilleos entre favelas de Brasil y Venezuela.

A veces pierde la cordura,

y recorre el Atlántico sin parar,

y llega al Pacífico, rompiendo nubes y venciendo barcos.

Y cuando no puede más, en verano,

te acaricia suavemente si quiere,

o hiberna en cuevas de hace miles de años

y luego vuelve en otoño con mil y una historias que

contar en Bagdad,

y recorre todo Oriente Medio en busca de aventuras,

se cuela en escuelas y bibliotecas en busca de

conocimiento

y huye de laboratorios que pudieron encerrarlo como

nunca han hecho y robarle su libertad.

Y un día, como otro cualquiera,

eres tú el que mira al viento moverse y reírse de la vida

que no tiene,

y ese día, tú contabas historias en Ámsterdam,

historias que no conocías,

sobre un viento, un susurro, una brisa,

sobre risas de extraños, sobre sus vidas.

Elogio II

¿Eres tú, sueño que despierta mis sentidos?

¿Eres tú, aquella estrella que me enseñó que el camino no existe fuera de mis expectativas?

Sí, eres tú, como el día que nos vimos en la cima de aquella montaña por encima de las nubes, desnuda y sin calor corporal alguno -si lo tuvieras no existirías-. Pero hoy es distinto, aquel día te vi -te visité- cuando ya habías crecido y pensabas en el horizonte -donde se veía tu hogar-, hoy te veo nacer de las nubes directamente, más fría que nunca en mi ciudad -esta vez me visitas tú-. Todo es distinto, te mueves, caes, me evocas poesía en tus andares, frutos de la química y la gravedad, intentando quedarte -desde un segundo hasta mañana- en la tierra que nunca tocaste. Intentas, o más bien intento tocarte, y te desvaneces en mis dedos fugazmente, como una estrella minúscula caída del firmamento, que ha pasado por las nubes y se ha congelado para preservarse en mi piel y en mi lengua. Ya es tarde, y, lentamente, te apagas, te desvaneces en las luces de la calle, y te usan como entretenimiento antes de que mueras por completo.

Aquí, entre los árboles y encima de los coches, pareces
producto de un instante ínfimo, pero después de todo, ya
han reído muchos pies intentando alcanzarte, y muchas
más manos se han extendido a tu paso para poder
tocarte, con la mirada al cielo y una sonrisa en la cara
-me parece suficiente para lo efímero de
nuestro encuentro-.

Encantado de conocerte cuando todavía naces.
Para lo efímero y la nieve.
Atentamente, un amigo.

Espérame, romanticismo

Asfalto, aire y pulmones.

Una carrera contra el viento.

El alma descalza y sin zapatos ni alas.

Hojas muertas que a contraluz parecen estrellas

apagadas en el suelo.

Intento no pisarlas.

Amapolas acariciadas por la lluvia, y mis dedos húmedos

escribiendo a la intemperie.

Un suspiro sin vaho, congelado en la oscuridad, que

inunda todo y se ríe a mis espaldas.

Una luz sin amigos a un lado de la carretera, por la que

no pasan coches sino sonámbulos.

Un transeúnte,

bajo la luz,

mirando el pausado cielo caer delante de sus narices.

Dos ancianos,

sin aliento ni tabaco,

que fuman camino a la parada de bus.

Ni siquiera piensan montarse, solo les gusta ver los buses

pasar de noche,

como una película sin retorno ni final.

Un niño,

que ve mi sombra corriendo y la sigue para jugar al destino,

¡qué listo fue que la pisó y tuve que dejar de correr!

En ese momento, el niño me preguntó a dónde iba, le dije que no lo sabía, y me respondió: "Ya entiendo por qué sonríes",

se disculpó por pararme, y me volvió a dirigir una inocente sonrisa, pero no exenta de sabiduría, para decirme: "Nunca te detengas".

El destino o el azar, a veces unidos, me trajeron un bus al otro lado de la carretera,

sin nada más que el chófer, y tres errantes dormidos.

Supe que era para mí, aún sin destino,

pues iría lejos,

rumbo a lo desconocido.

Cuando monté, abrí el cuaderno de bitácora, y escribí:

> *Primer día. Acabo de empezar un viaje sin*
> *final.*
> *Ya he conocido a un niño sin nombre,*
> *comprensivo e inteligente, esta noche he*
> *podido aprender de muchas sombras.*
> *Acabo de coger el autobús,*
> *no sé a dónde voy, ni si quiero llegar,*
> *pero,*
> *espérame romanticismo.*

Uno es el poeta - Homenaje a Jaime Sabines

Uno es el poeta.

El que calla, el que siempre calla,

siempre ausente de una u otra costilla,

flotante en el universo.

Si sueñan demasiado cae en ellos el espanto,

y cuando el sol se oculta, el silencio cae sobre su tumba,

como sobre un mar del que no es autor,

como sobre un tronco, como sobre un rayo.

Uno es el poeta.

El que cree, no cree en nada, pero cree,

que la poesía es victoria contra la muerte.

El que se corrompe, pero recorre su camino, su fe,

un viaje del alma, dulcísimo e impotente.

¡Uno es el poeta!

[II]

Yo, poeta,

siempre ando como que perdí algo irrecuperable,

como que nunca encontré algo inexistente,

como que siempre busqué donde no estaba, por

perderme.

Como que por miedo a no estar ni pude ser

y nunca hubo un nosotros después de aquel instante.

Siempre ando perdido, buscando todas las costillas

hundidas en mi estómago,

y no salen.

Yo, poeta,

siempre ando buscando otra fe que sustituya al vacío, al

olvido,

o quizá nunca,

el amor ya es mi doctrina.

Seda

En el confín del bosque,

la infancia aúlla por sobrevivir al letargo del infante,

al alba del fruto maduro que inaugura un árbol sin fruto

alguno.

Las flores que amanecieron y despertaron del sueño,

se sienten desnudas tras el diluvio nocturno,

tras el trabajo sonámbulo del tiempo,

pero viven, viven translúcidas, amables, impasibles

ante el viento,

siendo así conocimiento,

y encendiendo, brevemente, aquella inercia hacia lo

eterno.

Exaltada Alma

Qué piensas del amor perdido entre dos trenes,
cuando el que va no tiene puertas, y sin rumbo va el que
viene.
Cómo coger uno, sin brújula ni maquinista,
u otro sin tiempo, flores, o artistas.
Cómo sentir el dolor loco de un roto corazón,
cuando ni entiendes el riel del tren inerte que se lo llevó.

Al final, la confusión contigo fue una continua fusión de
continentes desiertos y tensos fusiles de asalto prestados
de algún muerto,
Una amalgama de vagas alabanzas a la nada,
y palas que acallan y arrasan las carcajadas de nuestra
exaltada alma que mata con palabras.
Quizá las risas y las miradas mimaban mis ganas de virar
por las brisas de la vida, pero la partida nacida de la
incertidumbre vital, aviva las brasas, perturba las
brumas. Por eso, la sinceridad de aquellos profundos
sueños hechos de eternidad, de aquellas estrellas
muertas, calma y sacia mis ansias de ser eterno, de ser
amor, siendo tristeza, siendo poeta.

El Pacto

Tensión entre mis dedos hundidos en mi estómago.

Ojalá volver, abrazar al sol, besar al bueno, juzgar al malo,

ver al rey caer sobre mis párpados,

sentir que me inmiscullo en el murmullo del llanto
apabullante,

ser dios por un día, tirarme de cabeza al vacío del
amante,

poder palpar el sol con mis pupilas,

siendo pupilo, siendo sentido, siendo calmante.

Vibran mis pestañas, mis entrañas, con el sibilino silencio
del sonido entre tus sábanas.

Caigo, pero me veo caer desde arriba, desde el infierno,

y aúllan mis heridas por tu sangre, sufren por tus venas.

Arterias rojas, rotas, un raro arte, de roturas y cadenas.

Solté el contrato por mi alma entre tus manos,

y el demonio, sin saberlo, aún espera mi letargo.

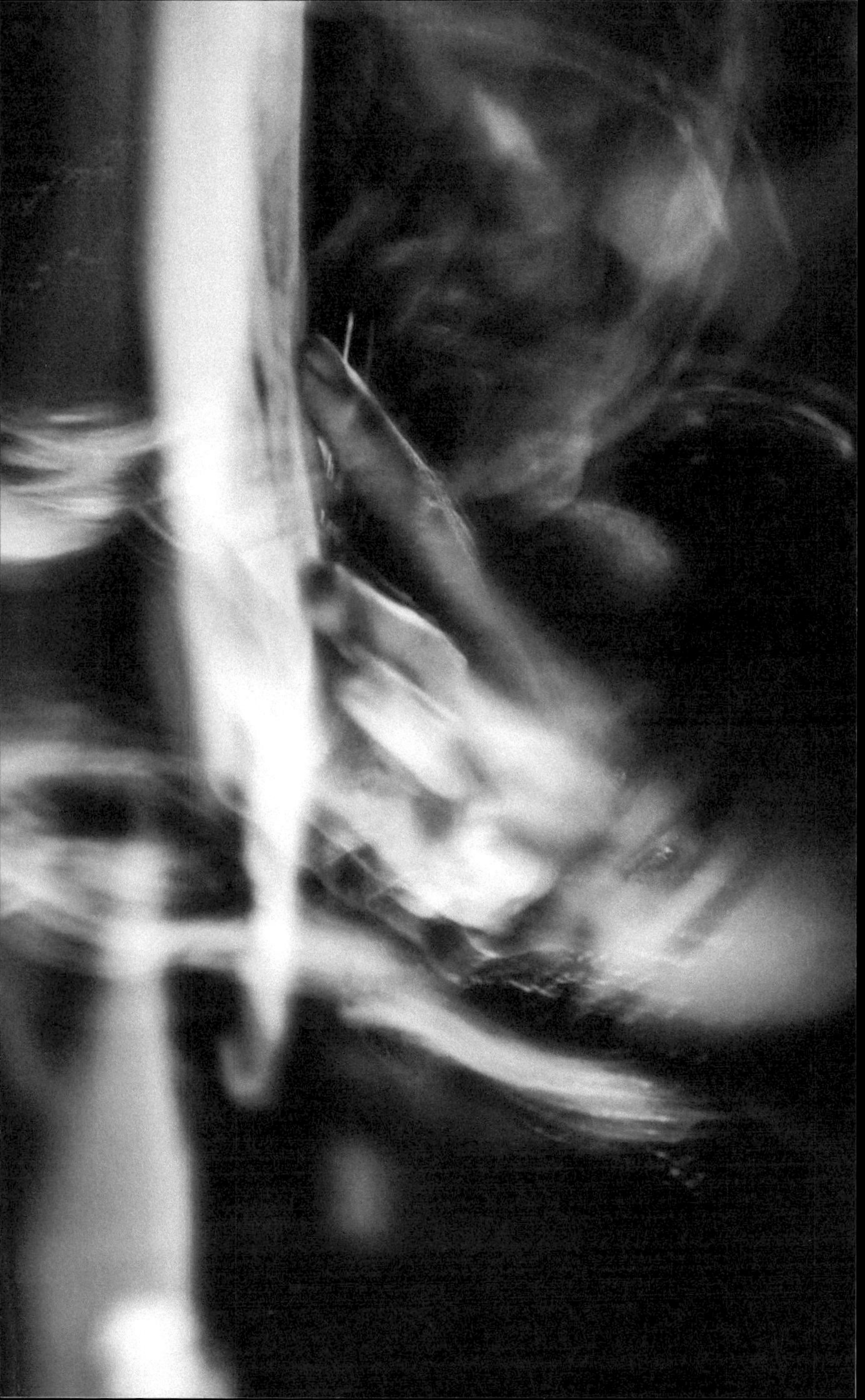

Saudade

Aún siento tu cuerpo hendido en mis huellas, rozando
mis uñas,

Mientras nos retorcemos por sinergia y mi piel aúlla,

y se confunden nuestros cuerpos, nuestras mudas.

Quiero que sepas,

ante toda desventura que asole nuestro mundo,

que aunque se destruya cada ápice de luz

siempre habrá en mí una pequeña llama para darte.

Quiero que sepas,

que aunque el rojo tiña las entrañas de la tierra,

y nos separe un mar de lava,

y no te pueda ni ver desde este acantilado de piedra

caliza que se va deshaciendo,

te dejé parte de mi llanto, de mis venas, de mis manos,

para acompañarte en la oscuridad de la noche bañada en
bruma.

Podríamos estar a dos metros, que no nos veríamos, que
no nos podríamos tocar. Y en mi añoranza, puedo sentir
nuestras antiguas almas aún entrelazadas, como si
nuestra decisión no les importara, y hubieran creado
otra realidad, sin tiempo, en que siguen unidas.

— ¡NO INVOQUES AL TIEMPO!

— ¿Por?

— Nos quitará la libertad de no saber que no existimos. Vagaremos sin rumbo intentando eternamente alcanzar una perfeccion inexistente, o caeremos en el olvido al intentarlo.

— Y, ¿no quedaríamos también en el olvido sin un tiempo que nos contenga?

— No, no hay olvido sin recuerdos, no hay recuerdos sin tiempo.

— Entonces, ¿qué seríamos?

— Seríamos, no estaríamos, pero seríamos. En el tiempo nos perdemos a nosotros mismos constantemente. En el cambio hay evolución, pero también se hayan todos los sufrimientos, todo el resentimiento del mundo. No quiero un mundo que se nutra del tiempo para corromperse hasta la medula, para controlar un vacío de tierra y hombres buscando un ápice de eternidad en una realidad limitada por la muerte.

— Pero, ¿es el tiempo el culpable de corromper al hombre puro, o es que el hombre nace corrupto, y el tiempo solo nos enseña esa verdad subyacente?

— ¿La verdad? No lo sé. Sé que hay personas buenas en el mundo, que un recién nacido me transmite una pureza indescriptible, pero una tristeza aún mayor, y que sin tanto conflicto innecesario muchas personas pudieron salvarse. ¿Cómo las salvarías, entonces, si no es matando al tiempo?

— No tengo la respuesta, pero, no creo que fuéramos nada sin tiempo. Quizá parte del todo, pero un todo sin tiempo qué es, sino nada.

Es imposible entonces salvar a la humanidad, sólo una convicción enorme en el pensamiento colectivo, si fuera parte de todos, podría desgajar la corrupcion del mundo, pero el amor no es hijo del tiempo, se temen, se ignoran, no se odian, pero, saben que su convivencia es dolorosa,

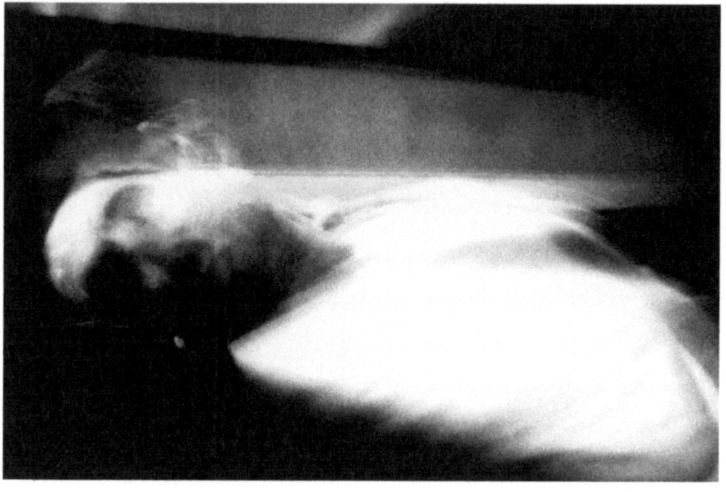

¿cómo podrían todos amar y estar unidos en un mundo así?

—Con verdad, con un mundo repleto de seres sin rencor, sin odio, con intenciones puras, no con dogmas y sus encantamientos, vástagos de un amor fruto del miedo a la muerte, del miedo a enfrentarnos en nuestro interior con aquello que negamos.

Con fe, fe al propio amor, aceptando el sufrimiento de una muerte sin dios, y encajando con elegancia los límites del tiempo, a cambio de una vida llena de amor y esparanza.

(Aunque, a veces, solo deseemos existir, tumbados sobre un lento y calmado silencio).

Nirvana

Verde cristal inundaba cada hoja, cada pensamiento en la subida hacia el que llamaban *el Gran Buda*.

Era como si fijarse en la naturaleza fuera necesario, como si fuera imposible no admirar la frondosa apariencia de la montaña frente al calmado mar de bambú que controlaba las mareas.

Caminos de madera o piedra hacia ningún lugar, casas en medio de la nada, y personas con la única finalidad de subsistir, purificando su alma y su cuerpo con aquel sol húmedo que hacía florecer a todos en el desierto terrenal.

Playas de deseos eran minúsculas gotas de rocío desde lo alto del cielo que mezclaba árboles y turistas.

Era una sensación de ataraxia mezclada con el nerviosismo que tendría uno al saber que está a punto de ver a dios, o en su defecto la nada, aunque aquella estatua representara más bien un despertar.

Era como escalar directo al valhalla descalzo de pies y alma y sin arnés, pero sabiendo que no te vas a caer.

Cuanto menos quedaba para llegar, más difícil era distinguir la cima entre las nubes que empezaban a

engullirnos lentamente, y solo se distinguía a Siddhartha
en lo alto, que sin duda podía vernos, simples trozos de
carne con rostros temblando de emoción.

Memorias de Hong Kong (HK, 2018)

Li Bái - El poeta inmortal

Calcaron carros de fuego en el cielo mis pupilas que tornaban blancas, transparentes.

Mirar al sol no fue tan buena idea sin dragones de jade protegiendo mi estela en la dulce y larga noche.

Quedé ciego, y fui transportado al cielo, sin la miseria del tiempo recorriendo mis venas, diluyéndome en el límite entre la realidad, y la fantasía de un viaje más allá del mundo, más allá de cualquier camino por el que vagar.

Y empecé a vagar sin caminos, por las estrellas, sin dragones protegiéndome, dejando estelas en el cielo nocturno, confundiéndome con la Vía Láctea, con los truenos. Galopando por las nubes mis caballos refulgían y lloraban mis blancos ojos con el viento, mientras salía del universo.

Cuando me quise dar cuenta, mis caballos frenaron y dieron la vuelta, ya no veía el mundo, pero sabía que lo tenía entero frente a mis ojos, así que levanté la mano para despedirme de mis deseos terrenales, y triste pero eterno sonreí y pensé:

> *Qué precioso atardecer se veía desde abajo,*
> *ni tras observar el inmenso cosmos abierto*
> *en mis pupilas podría describirlo con*
> *exactitud, la belleza, siempre nos deja atrás a*
> *los poetas.*

Cuentos para no morir

Le robasteis el sol a la luna,
y pretendéis regalaros a vosotros mismos
las estrellas infinitas en el cielo
para despertar del sueño de la vida.

Lloráis, perdéis, vivís para no morir, y morís,
sufrís por el camino, y el camino oculta vuestro fin.
Coméis, para no morir, bebéis para olvidar que moriréis,
fumáis para quitarle sentido a la palabra muerte,
y le volvéis a dar sentido a las cuatro de la mañana,
intentando explicarla, mirando al infinito siempre
inertes.

Creéis que podeis escribir para no morir,
viajar para no sufrir, o soñar para no vivir.
Creéis que hagáis lo que hagáis valdrá la pena algo,
porque si no sería una pena.
Creéis, pero por dentro sabéis que no es verdad,
y os la ocultáis a vosotros mismos.

Nada de lo que creéis es verdad, pues le robásteis el sol a
la luna,
y algún día los dos morirán por perderse sin haberse
encontrado,

y entonces a nosotros ya muertos no nos importará,

pero no volverá a importarle a nadie más,

cuando lloren todas las estrellas,

y se apaguen en los ojos de una tierra, que no supieron

amar.

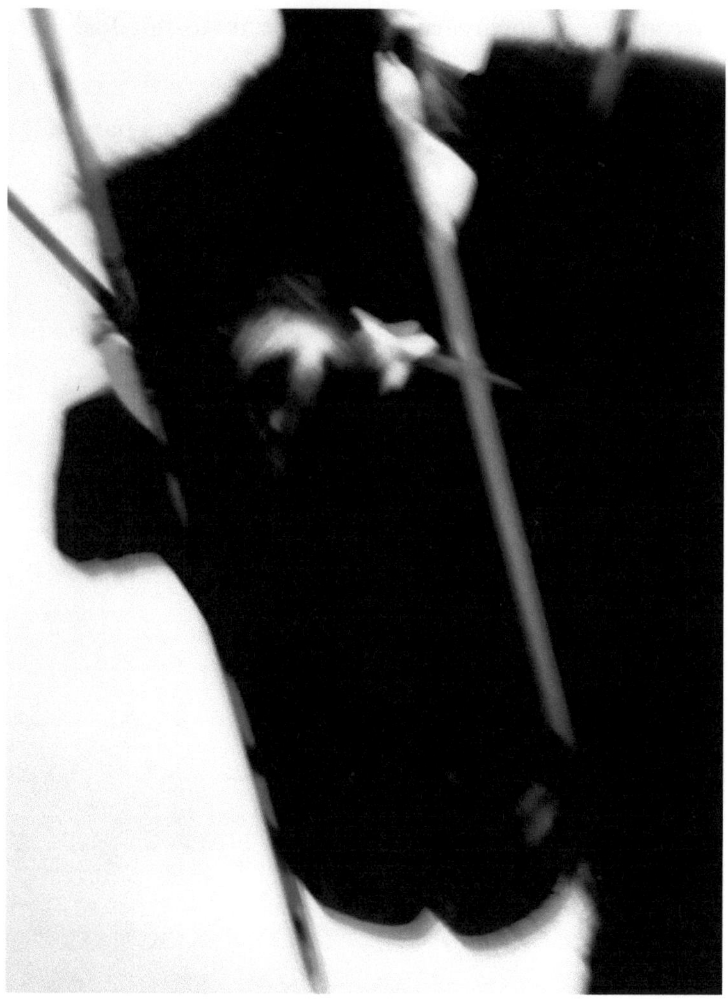

RASTROS

A un lado de la carretera, encuentro un ángel caído,

que no quiere volver al cielo, si no subir al infierno.

Lo miro, lo observo, y así llevo horas detenido,

buscando como acercarme para abrazar sus miedos.

Al otro una anciana grita que, ya no hay vacuna para la

vida,

que nadie se libra de morir entre insatisfacción y pecado.

La miro, la observo, y veo como se consume mientras

camina,

derritiendo el asfalto a su paso.

No sabía que el miedo a la muerte dejara rastro.

Rostros

Tengo rostro.

Lo sé porque salgo en las fotos. Se mueve cuando hablo o hago muecas. A veces, le sale un tic extraño en el ojo, tiene unas cejas prominentes, y unas ojeras que me recuerdan lo mal que duermo.

Tengo rostro, pero no sé si eso quiere decir que soy humano, o simplemente, que tengo rostro.
Si no lo viera ni existieran los espejos, no sería mi rostro, solo sería, irónicamente, un reflejo en ojos ajenos.

Tengo rostro, y nunca deseé tanto saber si él y yo, nos parecemos, si encajamos, después de todo, él sabe sonreír, mientras yo, detrás, lloro.

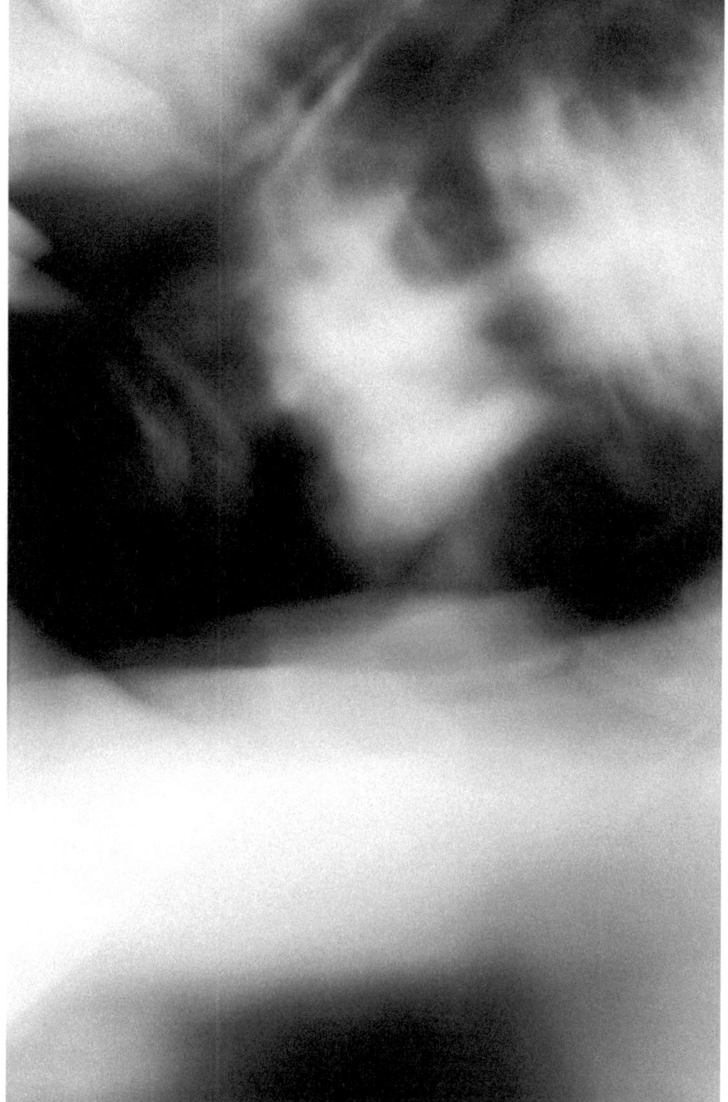

Y PUEDE...

Y puede que tenga un hijo,
y pensaré:
"Va a nacer una persona,
que morirá algún día",
y moriré.
Y cuidaré a ese hijo,
hasta volver a morir.
Y espero morir antes,
para no morir tres veces.

VUELTA A CASA

Vuelvo en autobús desde mis entrañas a un mundo sin sueños.

Pisando el suelo se quiebra mi alma, y recojo el humo en un cuenco.

Podría decirse que volver aquí es como volver voluntariamente al infierno,

a un infierno apático y monocromo.

Sin saber cómo salir sigo escribiendo estos versos,

esperando volar y alejarme de todo, para acercarme al todo.

Después de todo, la madre tierra nos acoge en un iglú de vapores infernales,

y nosotros establecemos en su seno nuestras reuniones, nuestros rituales.

Después de todo, no hay muerte más entrópica que alargar la vida lo justo y morir el día anterior de tu partida,

pues el viaje terrenal solo rompe las cadenas naturales de la muerte durante un todo en una nada, y esa nada, es nuestro todo, es nuestra vida.

Insomnio

Ya solo puedo ver ríos y cascadas,

el lavabo se ha convertido en cristal,

y el cristal en arena, y la arena en playa,

y el sol brilla reflejado en el mar,

y lo único constante en la vida es el cambio,

y amigos, y despierto... qué tarde,

anoche no pude dormir bien.

SONÁMBULOS

No tienen el universo en los ojos.

Lo desperdician.

Contienen demonios sin avaricia,

sin ambiciones,

demonios sonámbulos de esperanza.

No te quedes ahí, en el abismo entre los alelíes y las

espadas,

no eres solo un alma en este mundo.

Sé la fragua de estos sueños de acero,

mantén la espada erguida, escala siempre el muro.

La muerte no alcanza a entederte,

no la entiendas tú tampoco,

el tiempo ya os hará...

...amigos inseparables.

ESTAMOS VIVOS

Estamos muertos.
No hay salvación ni redención de ningún tipo.
Ni el amor ni el dolor son vástagos legítimos de este
limbo.
No sabremos llorar muertos, ni reír siendo huesos
podridos.

El error es desear una vida inmóvil.
Deseamos que el tiempo se detenga,
que el amor sea eterno,
que nadie muera jamás,
acomodarnos en una perpetua infancia mimada.
Levantamos muros para protegernos,
pero son los mismos muros los que un día se convierten
en cárcel.

Estamos vivos.
No hay salvación ni redención de ningún tipo.
Ni el amor ni el dolor son vástagos legítimos de este
limbo.
No sabremos llorar muertos, ni reír siendo huesos
podridos.

Lo que el viento no se lleva

No hay errores,

el polvo no comete errores.

Hay palabras,

el polvo escribe poesía y no se la lleva el viento,

pero al polvo sí.

¿Que yo me contradigo?
Pues sí, me contradigo. y, ¿qué?
(Yo soy inmenso, contengo multitudes).
- Walt Whitman

We're all stories in the end.
Just make it a good one, eh?
- The Doctor

Gracias por leer hasta el final,
para mí ha sido un gran viaje.
- Yo Mismo